배롱나무 정류장

지혜사랑 197

배롱나무 정류장

지희재

지혜

시인의 말

내일이 꽁무니에 매달렸다
오늘은 떨쳐버리지 못했다
시로부터 신으로부터 더 멀어지는 생
동동걸음 쳐도 닿을 수 없는 거리
그사이 끙끙
간절한 한 끼의 공복,
받침대
그리고 그대라는 시

2018년
지희재

차례

2부

3부

• 일러두기

한 연이 첫 번째 행에서 시작될 때는 > 로 표시합니다.

1부

구구 만물상

갈 데까지 가 봤다는 만물상 주인 박씨

막다른 골목에서 먹은 마음 다 토했다

다 필요 없다 다 소용없다 혀를 깨문 독백

늦은 저녁밥을 구하는 비둘기 한 마리 구구

절절한 우울을 물어갔다

교실 밖은 살벌한 경제학 개론 수업이 뜨겁다

그의 눈에는 무엇이든 다 돈,

삐걱거리는 의자가 자세를 고쳐 앉는다

만취 상태가 그를 다 쏟아내는 밤이다

구구구 아직도 떠도는 배고픈 밤 비둘기

만물상 주위를 맴돌고 있었다

안목眼目

겹눈이 사라졌다

한 치 앞을 볼 수 없는 아침

야윈 손으로 더듬더듬 흐린 창을 닦았다

안경이 나를 갖고 놀았다

쉰, '열'의 다섯 배가 되는 수

불혹을 지나 지천명에 이르렀다

하늘의 뜻을 알아들을 나이

눈은 마음의 창이라 했는데

눈가 주름은 더 깊어지고

두 눈 부릅뜬 청맹과니

겹눈을 뜨고도 한 치 앞이 어둠이다

육쪽마늘

식후 30분 알약을 한입에 털어 넣는 이씨
경사도 가파른 오십 평 마늘밭 쪽으로
남루한 체크 남방 휘날리며 걸어가는 사내

남해 해풍에 긁힌 검은 얼굴을
밀짚모자로 눌러쓰고
묵언수행에 들었다

붉은 저녁노을 등에 지고
파란 슬레이트 지붕 아래로 들면
워낭소리 앞장세운 황소가
호미처럼 등이 굽은 그 남자를 반겼다

육쪽마늘도 제 중심을 뽑아 올리고
황소는 고삐에 매인 줄을
제 뿔에 돌돌 감고 밭일 갔다

제 품은 알싸한 향
세상 뭇 식탁에 다 풀어놓았다

눌러 쓴 모자 아래

한때 잘나가던 H가
H 자동차 공장에서 잘렸다

푹 눌러쓴 모자가
길바닥을 훑고 다닌다

깊은 안색을 숨겨준 모자그늘

메말라버린 눈동자가
미로 속을 헤맨다

H의 아픔은 빙산의 일각

언제나 사팔뜨기 눈은
눈물로 밥을 말아 먹는다

머리 꼭대기에서 그를 지배하던 모자가
서지 않는 얼굴을 세워주었다

인력센터로 향하는 그의 긴 그림자를 짊어지고
하루를 팔러 나간다

도마

삼거리 국밥집 서른아홉 청상의 시어머니
도마와 칼로 자식 넷을 홀로 키웠네
등은 C로 굽고 도마는 U로 홈이 파였네
새벽부터 도마와 칼을 놓지 않는 시어머니
뒷목 잡고 말없이 저세상 가셨네
세상을 다졌으리라
수만 번의 칼질로 자식 농사를 지었으리라
무뎌진 날은 끝내 가난마저 자르지 못했다는 자책
칼을 받아낸 도마를 내 가슴에 모셨다
산부처의 손에서 나온 음식 향이
옷에 깃들어 단골손님으로 찾아왔네
내 생에서 가장 존경하는 시어른
부처되어 도마와 잠들었다

윙윙윙

여기는 태양의 맨 위쪽

날개 위에 쌓였던 먼지를 턴다

플러그를 꽂고 비행을 시작한다

달려도 달려가도 제자리인 내 생과 닮았다

윙윙 바람을 타는 날개에 신명이 오른다

폭염이 선풍기를 부추긴다

아침 뉴스에 특종 대서특필이다

지치지 않는 바람이 내 겨드랑이를 들춘다

가렵다

나마스테

골반이 뒤틀린 그녀에게
인도 뉴델리를 주름잡던 요가선생 샤크라 칸트가
석 달이면 바로잡을 수 있다 장담했네

요가는 마음에다 귀를 하나 더 매다는 일이라네
데비의 기도Sacred Chants Of Devi 선율이
그녀를 에워싸고 뒤틀린 골반을 주물러주네
귀에 쌓인 모든 것을 씻어주네
고요를 깨워 나비 한 마리 풀어놓자
안과 밖이 허물어지네

코브라 고양이 아기천사 전사 활 자세
날개를 가진 까마귀 독수리
비둘기 자세에서 허공을 날아다니네
I go 곡소리가 귀를 끌고 가네

숨과 숨 사이
시간의 그림자가 길게 따라붙네
앙다문 입이 주술을 풀어놓자
참을 인忍 자를 새긴 바다가
길길 뛰는 파도를 쓰다듬었네

연예인

한 권의 소설책이다
목차를 빗나간 클라이맥스가
오리무중의 결론으로 치닫는다
이야기 속에 등장하는 수많은 인물이
무당거미처럼 허공에 집을 짓는다
나비가 찾아오지 않는
그의 집은 한 계절만 존재한다
절정과 반전의 그림자가 길게 누워있다
별과 달
야누스적인 두 얼굴
하나의 얼굴에서 천 개의 얼굴들이 돋는다
한 편 한 편 드라마 속에만 존재한 그는
삶의 바깥을 벗겨 먹는다
막이 내리자
발가벗은 현실이 기다리고 있었다

화분 농사

반여시장 입구 버려진 스티로폼 상자에
페루 감자를 심었다
차가운 냉장고에서도 싹을 틔운 감자는
안데스 산맥의 페루산이다

다섯 갈래의 꽃술이 드디어 입을 열었다
감자꽃은 자기 속내를 버리지 않았다.
감자꽃은 눈에 보이지 않는 땅속에 보물
씨알 굵은 세상 화두를 꾹 숨겨놓았다

한때 푸른 독기를 품은 실눈
얼기설기 얽힌 뿌리마다 꽃등을 달았다

흙밥을 먹고 자란 감자가
그늘을 딛고 일어서는 지하방
눈이 큰 남자를 닮았다

깔깔 화분 농사 하얀 웃음 캔다

금음리 우물

우물은 노을이 사라질 때를 기다려 날마다 달을 키웠다

달에서 깨어난 별은 어둠 속에서 개구리 울음을 키웠다

우기엔 우물 위에서 비꽃이 피어올랐다

은빛 달 속에 감꽃이 별처럼 쏟아졌다

이끼 낀 우물에 푸른 나무 한 그루를 심었다

두레박줄을 세상 끝까지 풀었다

맑은 물을 품어내며 타는 목을 적셔주었다

금음리 달이 우물에 떴다

깊은 수심의 할머니 품속도 깊었다

통영댁 마음 품도 넓었다

댄스댄스

지구를 한 바퀴 돈 숙자씨
Be Bop A Lula she's my baby
그녀의 일탈이 뭉실뭉실 핍니다
팡팡 터진 조명 불빛이 부추깁니다

그녀 한 발 뒤처진 스텝이
눈웃음을 밟습니다
엇박자를 놓는 리듬이 비틀거립니다

겹겹 시치미를 뚝 뗀 주름살이
굴절된 시간을 잠시 펼 수 있지요

일상을 주름잡던
솥뚜껑, 냄비, 프라이팬은 나 몰라라 하고
무아지경에 이를 수 있지요

그녀의 눈동자가
스테이지에서 빙글빙글 도는 미러볼과
마주치자 눈앞이 캄캄해졌지요

신발 바닥에 박힌 징이 바닥을 차다
차면서 채이면서 예까지 온 시간들

몸과 마음의 갈기를 세운 힘으로
바닥을 두드려 패다 펴면서
찌그러진 일상이 반짝 펴지기도 했지요

귀가를 서두르다 골목길에서 만난 고양이 한 마리가
네가 한 일을 내가 다 알고 있다는 듯
몸을 쭉 늘렸다 폈어요
매혹적인 눈빛을 주고받은 스트레칭,
그녀 다리에 내린 몇 마리 쥐를 잡아주기도 했지요

로터리 실비식당

백발 과수댁 식당
낡은 천장에 일가를 이룬 거미집
놀고먹는 공중곡예 공연
오래된 먼지를 먹고 산다

대명동 삼각로터리 실비식당에는
지청구들의 각들이 몰려와
식당을 붙들고 있다

잠시 쉼표를 찍고 가는 목수 손씨
두부김치에 불로막걸리 한 잔

미장 박씨는 돼지껍데기에 푸른 이슬 한 모금

택시 운전사 이씨는 납작만두에 어우동막걸리 반 잔으로
희망찬 미래를 위하여 건배사를 복창한다

가끔 지나가는 개가 두 귀를 세우고
무례한 눈초리로 식당 안을 기웃거렸다

몸 한쪽 모서리가 아파올 때
모가 난 것들이 다 모여들어
저마다 모서리를 깎고 가는 곳

베란다 가족

일곱 번째 이사를 왔다

다육이 가족도 함께 왔다

크고 작은 아담한 다육이 수십 채를 싣고 왔다

백모단, 우주목, 석연화, 돌나물, 아이스에이지,
일금 일천 냥, 다육이 몸값이 올랐다

더 큰 집으로 옮겨놓자 새로운 주소가 생겼다

다육이는 목을 빼고 해를 따라가고

나는 일터로 해를 따러갔다

태양 닮아가는 우리 집 재간둥이

우리 가족과 눈이 마주치면
깔깔 웃음이 터졌다

풀벌레 소리 익어가는 여름에
환한 달이 창문에 걸터앉았다

가족이 달을 나누어 품었다

배롱나무 정류장

남해 설천면 감암마을에
오지 않는 시골버스를 기다리는 배롱나무
그림자 길게 늘어뜨리며
조난신호를 보내고 있었다

정류장에 오지 않는 길을 주저앉혔다
입을 꾹 다문 붉은 꽃이 더 붉어졌다
조난신호를 외면한 막차

제 발등 제가 찧는 붉은 꽃
백일 동안 노을이 지고 어둠이 찾아와도
버스는 오지 않았다

수박이 해를 품는 팔월이었다

숟가락

당신은 숭배의 근원

밥그릇 하나를 두고
일장 연설을 늘어놓았다

주걱은 살아있는 한
꽃 피워야 할 일 많다며
뜨거운 입김을 내 뿜는다

빨리 소멸해 버리는 통장 잔고에
묵은지 같은 긴 침묵이 흘렀다

숟가락 젓가락 나란히 서서
십자가에 못 박힌 가족사진을
차곡차곡 집어갔다

십자가에 못 박힌 가족사진
빈 밥그릇만 남았다

내 몸을 살리는 일에 열중했다

구피

백색 음률을 지닌
너와 나의 관계는 투명하다
나와 함께 익숙한 몸짓으로
세상에서 가장 단순한 지도를 그린다

우리 사이는 견고한 믿음이 있다

내 손길을 부르는
한 무더기 똥 건축물을 뿌려놓으면
나는 구피의 표정을 마음대로 스케치했다

젖은 아침을 물고 오는 어항 속에
삼신할머니가 자주 다녀가고
나는 미역국을 끓이느라 부산을 떨었다

구피는 제 새끼를 먹어치우는 사투르누스*
물길을 해 가르며 달려갔다

투명한 살갗 속에 토막 난 여린 몸이 뒹굴었다
구피의 슬픈 눈빛은 가슴에 묻어두었다

백색 숨소리를 내는 작고 투명한 구피는

밤이 되면 고요히 내 옆에 머물며 잠들었다

* 사투르누스는 로마의 신으로 그리스의 크로노스에 해당하는 신이다. 자신의 자식에게 죽임을 당할 거라는 예언에 자식을 차례대로 먹어 치운다.

선인장

그해 여름
그녀 몸속엔
사하라 사막이 생겼다
고열에 시달린 심장이 모래알이 되었다

사막에선 어둠이 빨리 찾아왔고
수많은 잎을 가지고 있어도
목이 말라가는 바이러스에 꽃을 피우지 못해
그녀는 슬펐다

그녀가 불러들인 곤충들의
어깨에 가시를 꽂자
꽃잎들은 모두 화석으로 굳어갔다

구름을 끌어들여 소나기를 부탁했다
구름은 선인장과 잘 모르는 사이라고 했다
세 들어 살던 힐라딱다구리가
비상을 시작하자 푸르게 타올랐고
비릿한 냄새가 허공에 발자국을 남겼다

사랑

심장이 두 쪽 사과로 쪼개졌다

꿈속에 두고 온 사과 반쪽이 그의 심장 속에 박혀있다

속눈썹을 부러뜨리며 눈을 들어 올리는 새 한 마리

꿈속에서 잃어버린 한쪽 날개가 내 책상 위에서 날아올랐다

한쪽 날개가 내 등 뒤에서 쉼 없이 파닥인다

신발

길을 버린 발 하나
남루한 골목 끝에 버려져 있다

가파른 계단에 갉아 먹힌 뒤축은
수평을 잃었다
빠르게 늙은 길은 어둠을 두껍게 깔았다

발을 벗은 신이
신을 섬긴 발이
막다른 골목에서 길을 잃었다

낡은 신을 버린 발이 묶였다
내 발에 물집을 잡았다

길을 트집 잡는 뒤축이 문제다

보폭을 주저앉히는
바닥 밑창 드러난 헌신

내 밑천도 바닥이 드러났다

물푸레나무 의자

책으로 배를 채우던 책벌레

책이 밥이다

의자는 늘 그녀의 다리가 되어주었다

몇 년 동안 엉덩이가 돌아오지 않았다

그녀의 꿈도 함께 꾸었다

나는 남겨져서 언제나

또 다른 엉덩이를 기다렸다

벼랑 끝으로 버려진 그녀의 꿈이

뜬구름에 실려 가는 걸 지켜보기도 했다

이제나저제나 옥탑방에서 기다리는 나날

책벌레 가득한 방에서 잠들지 않았다

의심을 접고 믿음을 고쳐앉았다

한 방향으로만 오랫동안 바라본 사이

지문 속에서 먼지처럼 사라져 갔다

나는 버려져서 불 밥이 되었다

2부

벌노랑이

제주도 서귀포 강정마을 강정천에
풀잎을 깨우는 이슬이
꽃대궁 사이로 돋아나면
젖은 허공 한 떨기
눈부신 꽃을 피운다

거친 언덕을 건너와
금빛 햇살이 다녀간 그 자리
높새바람 휘돌고 있다
몇 겹 덧대어 놓고 간 흙은
끊어질 듯 이어주는 뿌리를 내리고
푸른 잎을 피워낸다

구부러진 해송 가지 끝에 푸른 바다가 걸린다
송홧가루 온기를 흩뿌리려
빛나는 바흐의 무반주 선율로
더딘 시간의 목덜미를 끌고 간다

나른한 양지를 향해
날아가는 수풀꼬마팔랑나비
순례자의 귀를 간지럼 태운다
다시 만날 날 위해

긴 여운을 뿌리며 떠난다

솔향기 품은 산들바람은
푸른 이끼를 끝없이
걷어내고 있다

오후 세 시의 성지곡

오월 푸른 가지 끝에서 지상은 한바탕 짙은 그늘의 축제를 벌이고 있다 천년의 불꽃 한 잔에 무게를 견디지 못한 이슬이 시간의 그물에 걸린다 구름이 결빙을 녹여 푸른 호수를 걸어놓았다 물결 소리 넘치며 저어새의 마른 음성을 적신다 나무의 결을 따라가면 열매 여무는 빗줄기 파란 날개를 저어 날아가 굶주린 뿌리를 껴안는다 꽃은 피어서 악기가 되고 내 모든 기억은 눈을 떠 무언의 축가를 부른다 성지곡 언저리 향기를 퍼뜨리는 햇살이 수원지 들머리에서 부챗살을 활짝 편다

보리암

짙은 단청을 베고
거대한 휘장이 펄럭인다

적막은 저마다 풍경을 달고
목어 한 마리씩 빚어내어
십만 억 불국토로 날아오른다

깊은 묵상에 든 절집
기와지붕은 골마다 지는 잎들이 따로
단청을 새기고 있다

허공에서 뛰어다니는 목탁 소리
정토의 문을 민다

낙엽 흩날리는
뜨거운 마음을 열어
이제 우리 사바의 귀퉁이에선
합장하는 눈시울이 열리고
보리수 푸른 잎새에서
저녁연기 은은히 사위어 간다

생을 반추하며

백팔 배를 하고
믿음을 앞세워 내려오는 길
한쪽 귀를 남해 금산에 두고 왔다

때

할아버지의 가훈은 '최선을 다하자'다

할아버지는 다 '때'가 있어 '때'를 기다리라고 하셨다

친구와 우정 사이에 말해야 할 때, 침묵해야 할 때

사람과 사람 사이에도 웃어야 할 때, 울어야 할 때

앞을 향해 갈 때, 눈 감아야 할 때

밥상에서도 숟가락을 들어야 할 때, 내려놓아야 할 때

자리에서 떠날 때, 남아야 할 때, 전진해야 할 때, 멈춰야 할 때

오늘처럼 빗줄기가 뺨을 때리면 그 말씀 떠올라

시도 때도 없이 찾아오는 할아버지 말씀

검은 그림자 우산처럼 끌고 다닌다

'때'가 가문인지 '최선을 다하자'가 가문인지 헛갈린다

합장묘

문의리 구두산龜頭山 자락 아카시아 꽃향기 맡으며 양떼 목장 갔다 밥 대신 풀을 먹는 순하디 순한 양들 푸른 초원 위에서 노니며 웃고 있었다 나에게 생명을 준 외할머니와 외할아버지가 양떼들의 합창을 들으며 잠들어 계신다

외할아버지는 날짐승의 그림자를 따라 북해도를 떠돌다 사십 년 만에 한 줌 재로 돌아왔다 지금은 외할머니와 양털 구름 이불 삼아 체온을 나누시며 한 방에 주무신다 한 방에 합방을 하고 누가 먼저 손을 잡았을까 등이라도 비벼보았을까 등과 등 사이가 멀지는 않았을까 약지에 끼운 반지 자국 굴레가 생과부 생 속 앓은 외할머니의 밤은 길고 깊었다

울타리를 열어두어도 도망가지 않는 양은 외할머니의 습성을 닮았다

외할아버지의 튼튼한 이데올로기는 할머니 사이를 허물지 못했다 어머니는 내 딸과 손에 손을 잡고 열세 살에 구두산 소풍 갔을 때 외할머니가 싸주신 도시락 이야기에 잠시 밥꽃이 활짝 피었다, 그늘이 졌다 외할머니가 싸준 도시락 뚜껑을 열면 첩첩 그늘, 그리운 외할아버지에 대한 생각에 접어들었다 내려가는 길 파란 하늘에 노니는 양떼를 보았다

개인전
— 달력

달력에 동그라미를 쳤다

새로운 공허가 매달려 있다

개인전
— 화장

포장을 한다

포장지를 뜯고 뼈 하나를 꺼낸다

개인전
— 십원

바다에 떨어진 십원을 주우려다 커피를 쏟았다

우아한 입에서 야생적 십원이 튀어나왔다

개인전

— 벽시계

오늘 하루 뒤통수만 보고 달렸다

벽에 독기가 박혀있다

개인전
— 손목시계

수레 바큇살을 굴리는 왼 손목

술래잡기 놀이가 매일 반복되었다

개인전

— 아메리카노

밤이 타는 밤이다

중독과 집착을 달고 산다

개인전
— 호박

그대 비웃지 마라

세상 아랫길 둥글둥글

굴러먹다 불러진 배

속속들이 단물이다

내연산

손 내미는 가을이 내연산 길목에 내렸어요

한순간 찌릿 눈이 맞았어요

너무 쉽게 내연內緣의 관계가 되었지요

마음을 훔치는 재주가 뛰어난 그대

눈 멀쩡 뜨고도 털려버린 영혼은 가난뱅이

허공을 걷다가 자주 길을 놓치기도 했지요

제 속에 있는 피가 다 쏟아져 나온 것일까요

주홍빛 관계 청산

온통 당신에 빠졌다 온 찰나

보경사 탱자나무

보경사 가는 길에 작달비 쏟아졌습니다
내 마음 먼저 읽은 게지요
400수 탱자나무가 가시 지팡이를 짚고
가장 쓸쓸한 사람의 표정으로 서 있었습니다

가시 속에 동그랗게 익은 열매가 둥글둥글
부처님의 말씀처럼 들렸습니다

풀 죽은 사람들 무더기 대웅전 찾아들었습니다
그 무리를 벗어난 나는 앞문을 비켜서서
옆문으로 숨어 들어갔습니다

향내로 가득한 마룻바닥에 엎드렸습니다

세상 가시에 찔린 상처
내 가시가 찌른 상처

부처님 지그시 감은 눈길이
한 첩 보약 약손이었습니다

비 그치고 돌아서 나오는 제 등에
산 그림자가 가만가만 쓸어주었습니다

수풀꼬마팔랑나비

나비가 날개를 접었다 펴는 동안
허공이 흔들렸다
저도 초록의 시절이 있었다는 듯
금빛 햇살이 다녀갔다

고요한 순례자의 귓가를 맴돌았다

꽃에 날아든 나비
내게 다가온 인연으로
한순간 짧은 생을 녹이는 풍경이 된다

가끔 생채기에 내려앉아
빛나는 바흐의 무반주 선율이
더딘 시간의 목덜미를 끌고 갔다

천마산 중턱
엉겅퀴 꽃에서 꿀을 따는 나비는
나른한 양지를 물고 날아갔다

동백섬

푸른 봄이 피었습니다

당신을 기다리는 시간

맨발로 오고 있습니다

불쑥 날아와 그려진 입술

물이랑을 이루었습니다

꽃물 짙은 마음은 깊어갑니다

내 가슴에 꽃불로 핀 당신

나비와 회화나무

나비는 회화나무에게
'굿모닝' 아침 인사를 했다

나비는 빙글빙글 회전축을 돌며
누군가를 기다리고 있었다

그 사이

회화나무 여린 가지가 조금씩 자랐다
나이테는 알 수 없는 노래를 흥얼거렸다

노래는 통역되지 않았다
낡은 집이 흔들렸다

새 둥지엔 푸른 피가 흘러내리고
가난한 밥상에는 목마른 혀가 드러누웠다

회화나무 굽은 등에 마른버짐이 피었다
나비가 마른버짐에 앉았다 갔다

만복국수

끈 떨어진 박씨가 국숫집을 열었다
밀가루가 퇴직금이다
패자부활전이다

장사 밑천은 진한 육수와 면발
다급한 마음은 문만 쳐다보고 있고
자욱한 연기는 허공을 적셨다
유리에 맺힌 성에는 슬리퍼 위에 떨어지고
테이블에 앉아 반반국수를 먹었다

젓가락 장단에 맞춘
바코드 같은 국수가 열무김치를 먹는다
카드 긋는 소리가 세상에서 가장 좋은지
헛웃음이 날아갔다

문밖 사거리 향해 햇살 반 웃음 반
만복을 기원하는 덕담이 날아온다
반쯤 굽은 등이 따뜻해왔다

살구나무에 빚지다

마을 어귀 돌담이 살구나무를 모셨다
월담하는 달도 침을 삼켰다

배고픈 하굣길에 수천 개의 몸을 던져
여린 이들에게 보시하던 살구나무
나와 행방불명된 계집애와
까치 참새 직박구리 까마귀가 빚지고 살았다
돌담이 허물어지자
나무둥치만 남겨놓고 집주인과 함께 사라졌다
살구를 쪼아 먹던 까마귀가 염을 해주었을 것이다
어느 절 어느 스님의 목탁이 되었다는 풍문을 들었다
시퍼렇게 피멍 들며 득음에 오른 소리꾼의 울음
절 입구에서 들려오는 낯익은 청공 소리 마음을 내려놓는다
살구나무를 생각하며 살구비누로 볼을 비비면
내 머리 위로 살구꽃이 피어난다

스크린도어

지하철 4호선 미남역
수사자 갈기 세우듯 걸어오는 겨울밤
깊은 어둠 속으로 걸어 내려갔어

개찰구가 낯선 방문자를 훑어보며 안부를 물었어
마주치는 눈동자들을 차장 너머로 밀어냈어

스크린도어가 먹어치우는 수많은 그림자와
흔들리는 장단에 맞춰 춤을 추는 손잡이는
외발로도 서 있을 수 있는 법을 가르쳤어

낡은 구두는 역 이름이 궁금했고
철 지난 유행가 한 소절이 옆 사람 귀에서 흘러나와
출구를 찾고 있었어

3부

죽방멸치

문을 잘못 들어선 대나무 통발 사이로
은빛 지느러미 세워 발버둥 치다
끓는 솥단지에 몸뚱이 던져질 때
푸르고 깊은 눈은 바다를 버린다

삶과 죽음이 맞닿는 갯가
두 평짜리 남해 물건리 한산건어물상회에
마른 바다를 펴주는 김씨의 손이 분주하다

비린 여름이
썰물처럼 손님을 데리고 가면
뜨거운 태양이 등판에 올라탄다

물속을 헤집던 근육들의
아픈 상처는 비린 생으로 다시 태어나
허기진 흰 뼈를 부풀린다
짜디짠 생은
파란 소금기를 머금는다

아르바이트생

24시 편의점 알바생

시집 속 하루살이*를 읽고 있었다

하루살이가 하루살이를 읽었다

하루살이가 저작권을 행사했다

소 풀 뜯어 먹는 소리가 났다

한낱 종이 지폐가 나를 조율했고

내 손은 하루살이의 생을 좌지우지했다

저나 나나 누군가에게 쫓기는 무일푼의 하루살이

끝내 피를 보고만 동거

* 주인공인 하루살이가 팔 수 있는 것은 다 팔아서 바닥을 드러냈다는 시였다.

손

잡으면 약속이 되고
흔들면 흥정이 됩니다

손을 맞잡으면 다짐이며
손의 온도가 높아집니다

무언의 계산이 숨어있다

우리라는 말 쉽게 남발하며
시간의 처음과 끝
만남의 처음과 끝
두 손을 맞대고 헤어집니다

옷깃을 스치는 일쯤이야
건성건성 다시 손을 잡고 손들이 흔들립니다
쉽게 녹아내리는 솜사탕 같은 말을 흘리고 갑니다

믿을 수 없는 믿음을 붙잡은 손
다시 손을 잡을 수 있을까요

씹던 껌 퉤 뱉어버린 껌이
발뒤꿈치에 밟힙니다

다대포에서

강줄기는 땅끝의
마지막 모래무지를
기어 내려오다가 멈춰 선다

더 이상 밀쳐낼 수 없는
강의 허벅지
서서히 바다를 먹어치우고
바다의 푸른 가슴을 삼켜버린다

지상에서는
들이밀 어깨 하나 없는
절박한 강물
어쩔 수 없이 바다에 기대어
소심한 잠행潛行을 한다

타로점

백십일 년 만에 찾아온 무더운 여름 잎들이 무성한 만큼 무수한 불안이 가지를 뻗어나갔다 내 마음이 내 것이 아닐 때 내 몸이 마음을 따라간 곳

여의주 간판이 나를 끌고 내려갔다 영역 밖을 신은 신을 신발장에 넣고 문을 잠갔다 천 개의 계단을 내려갔다 천 개의 답이 기다리고 있었다

하늘에서 56장의 카드가 떨어졌다 그중에서 여섯 장의 카드를 주웠다 카드가 몸을 뒤집자 10번 운명의 수레바퀴 wheel of fortune가 이마를 때렸다 의자를 바꿀까요 대리석 테이블을 살까요 사다리를 만들까요 밤이 좋은가요 아침이 좋은가요

미래를 위해 현재를 놓아버렸다 굴하지 않는 삶을 살 것이라는 위로의 말은 허공에 흩어졌다 새 한 마리 사방으로 날아갔다 그녀의 말이 목덜미를 물었다 노련한 목수처럼 내 심장을 두들겨 깊이 못을 박았다 금이 간 항아리에서 푸른 녹이 흘러내렸다 혓바늘 돋았다 바늘을 뱉어냈다

이마가 돌덩이보다 더 무거워졌다

무화과나무

한 여행자를 만났다

쌍봉낙타를 닮은 그 남자를 사랑한 무화과나무를 사랑하기로 했다

무화과나무가 내가 낳기라도 한 사랑스러운 아이를 잘 빚어서 매달아 놓았다

이슬이 달아나기 전 출근하는 그 남자 뒷모습을 훔쳐보았다

나의 사랑은 익명의 그 남자 뒤통수에 박혔다

내가 쏘아 보낸 뒤통수가 켕긴다

잠깐 눈먼 사랑의 틈에 끼여 무화과나무가 나대신 하얀 피를 흘리고 있다

새와 벌레에게 자기 온몸을 한 끼의 밥상으로 내어주고 있다

무화과 사랑은 무의미하지 않았다 단지,

이 모든 것이 눈먼 사랑 때문이다

미조항

끝물 지나간 물가
잎새바람 꽁지깃을 세우며
잰걸음질로 새털구름을 몰고 왔다

곤드레밥 한 공기에
질퍽거리는 기억들이 둘러 오는 동안
우기에 묶인 발을 풀면
해묵은 가두리양식어장 기둥이 기울기 시작했다

서둘러 바닥을 보이는 물살은
묵상 중인 싯다르타
비단고둥의 껍질에 남은 시린 삶
둥지라며 몸을 낮추었다

허기를 채우는 백발의 틀니가
그리움을 쏟아내는 동안
소금꽃은 하얗게 향기를 피워올렸다

물줄기를 따라
낡은 뼛조각이 바래져 구름이 되었다
아스라이 사라지는 온기
나는 푸른 별에 한 채의 집을 지었다

동성호

섬을 키우는 파도가
자진모리장단으로 허공을 두들길 때
흰수염고래가 돌아왔다
바다제비 고래등을 타고 에돌며
그리움을 키워
하얀 가시로 꽃잎 피웠다

푸른 아가미를 일으켜 세우는
아버지 당신 바다의 노역이
태평양을 향해
물분수를 뿜어 올렸다

바다에 갇혀 붉게 녹슬어가는 수부
파랑주의보 해제에 묶인 닻줄을 풀자
지느러미 돋는 동성호가 헤엄을 쳤다

뜨겁게 돌아가는 스크루
바다의 지문 팽팽하게 잡아당겼다
달빛 그물에 걸려 허우적거리는 조타실
삼등항해사의 아킬레스건이 심해로 빠져들었다

불타는 부챗살 힘줄 높이 올려

포유류의 꿈을 노래했다
물 밖으로 나온 고래 발자국을
물이끼가 삼켰다

길을 잃은 개

구름 한 마리 뛰어내려 불시착하는 거리
너는 기억을 놓친 떠돌이가 된다
너는 주인의 부재를 인정하며
맥없이 휘청거린다
사각지대의 덫에 걸린 너는
물고기 늑골을 핥고
낯선 골목을 배회한다
이동 경로가 잘 짜여진 재래시장
덜 여문 떫은 감을 더듬는
검은 그림자 되어
너는 불 꺼진 무료 급식소 창가를 기웃거린다
때로 너는 막다른 골목에서 주춤거리며
길고양이와 울음을 교환한다
통제구역을 넘나드는 하늬바람이
꼬리의 근육을 흔들며 어둠을 끌어모으면
푸른 지문이 떠난 자리에
너는 우두커니 서서 열꽃을 피워 올린다
달빛을 밟으며 달아나는 팽팽한 시간
네가 동그랗게 눈을 굴리며 출구를 찾는 파문은
허기를 채우는 동면에 든다
너는 닳아서 무뎌진 바퀴에 걸린 물안개
시공을 초월하며 구세군 종소리를 전신으로 삼킨다

아, 우산

비가 리듬을 밟았다
비가 쇼팽의 빗방울 전주곡에 맞춰 춤을 추었다

푸른 나무 한 그루 숲 밖으로 걸어 나갔다
내게 다가와 말을 건넸다

너의 우산이 되고 싶다고 했다
그의 우산 속엔 빗소리가 녹아있었다

젖은 등을 활짝 펴며
녹슨 나뭇잎으로 손짓했다

비를 핑계로 슬픔을 녹여냈다
상처받은 마음 다 젖었다

버스정류장 잿빛 유리창이 그린 우울
어젯밤 창문 밖에서 흘러들어온 이야기를 풀어냈다

그의 우산이 환각처럼 나타났다 사라지기를 반복했다
꿈결에 푸른 나무 한 그루 놓고 버스에서 내렸다

밟히다

네가 떠올랐다

밖은 시리고 나는 뜨겁다

네게 펄펄 날아갔다

눈에 밟힌 뜨거운 말

아득한 허공으로 끌고 가는 이,

첫눈

길고양이

서른 고갯길에
어둠 속에서 태어난 길고양이

혼자 가는 먼길에
다정한 벗을 소개받았다

길고양이도 나도
끝이 없는 미로 속

발길마다 시가 밟혔다
나웅 나웅 한 끼를 구걸했다

달, 별, 바람이 길을 물었다

소나기가 가는 길을 지웠다

아무 데도 없는 지름길이

길고양이를 풀었다

이모네 순대국밥

파란 담장을 넘보는 만개한 능소화가 나팔을 불었다

칠월의 낯선 하루가 나를 밀어 넣었다

간판을 기어오르는 능소화도 뻘뻘 땀을 흘렸다

순대 가마솥도 한소끔 김을 뿜어냈다

일용직 막노동을 끝낸 일꾼들이 뚝배기에 머리를 숙였다

엉클어진 머리와 하루 치 노동을 쓸어 올리며

막장에 찍어 먹은 양파 향이 맵다

순대국밥이 홀쭉한 소장, 대장을 일으켜 세웠다

은행잎

황금나비 떼 춤사위다
아침 출근길 나비들의 군무
11월은 단풍나비의 천국
토슈즈 신은 노랑, 노랑 발레리나들이 춤을 췄다
해가 놀다간 자리
허공을 노랗게 물들였다
노란 편지 가득 야윈 그리움은 연서를 써놓았다
참새, 까마귀, 직박구리가 편지를 읽고 가고
바람이 써놓은 은유를
바람에 얹혀가는 구름이 덩달아 춤을 췄다
노란 빈혈을 앓는 11월이었다

심야버스

낮은 마을은 어둠을 먹고 깨우지 못하는 미몽에 잠긴다 비탈길 돌아가는 굽이마다 여린 불빛들 잠 못 든 채 서로 키를 재고 날카로운 기계음에 선잠이 든 채 2차선에서 부서진다 전조등에 말려드는 검은 그림자 정체불명의 경적에 가끔씩 딸꾹질하며 어둠을 밀어낸다 흔들리는 의자마다 간헐적으로 잠이 새어들고 아이들은 잦은 멀미에 밤이 아득하다 차창으로 기어오르는 잠룡들의 울음이 깃을 치면 외딴집 개 짖는 소리 불빛에 짓눌러 잦아든다 머무는 길가 어느 곳 그대가 안식할 저음의 휘모리장단 방죽에 가려진 포구, 길은 다시 이어져 물구나무선다

연화리 등대

송정 지나 기장 지나 연화리 접어들었다

집어등 불빛 하나둘 어둠을 켜 들었다

방파제를 일으켜 세우는 하얀 포말 말떼를 몰았다

목쉰 썰물은 지느러미를 펴들었다

푸른 소금기를 털어내는 밤하늘의 북두칠성

벼랑 끝 붉은 심장 깜박였다

멸치 배를 빙빙 선회하는 괭이갈매기

포구에 갇힌 닻이 이리저리 기우뚱

녹슨 어망의 굽은 등판 절은 땀

팽팽한 빛줄기를 끌어당겼다

난파한 꿈의 조각을 들고 퍼즐을 맞추고 있었다

가물가물 흐려지는 만선의 기억,

빈 차

눈에 불을 켜고 손님들을 기다렸다

행렬, 꽁무니를 문 행렬

영업택시는 정수리에 반딧불을 켰다

거북이처럼 목을 길게 뺐다

가장 빛나는 반딧불이가 호객행위에 나섰다

반딧불이족 충혈된 눈으로 거리를 질주했다

새벽을 향한 자정이 졸리는 눈을 비비고

길 가장자리로 눈길을 던졌다

하루 치 사납금이 저승사자다

해설

꽃피는 꿈과 비상하는 나비의 노래

구모룡 한국해양대학교 교수 · 문학평론가

꽃피는 꿈과 비상하는 나비의 노래

구모룡 한국해양대학교 교수 · 문학평론가

1. 내면의 빛

시는 자기를 향한다. 감정, 느낌, 생각을 표현하려는 마음의 움직임이 시를 쓰게 한다. 너무 당연한 말이지만 표현이라는 개념을 가벼이 할 수 없다. 존재의 내부에서 외부로 표출되는 기운은 오늘날 압도적인 현실을 견디며 이겨내려는 의지와 연관된다. 바깥의 사물을 수집하거나 사실을 기록하긴 쉽다. 다른 사물에 의탁하지 않고 먼저 자기를 들여다보고 자기를 쓰는 마음의 진실이 중요하다. 시가 지니는 문학적 위상과 존재론적 가치는 시가 진술 주체의 경험을 바탕으로 한다는 사실에서 찾아진다. 간혹 자기표현이 자아의 감정에 한정되기도 한다. 역할의 나르시시즘이라고 할 수 있는 자아의 확장은 일상과 충돌하는 마음의 파문일 가능성이 크다. 이러한 가능성의 단초가 내면을 지향하기도 하고 자기의 회로를 거쳐 타자와 대화하기도 한다. 시가 경험적 자아의 문학이라는 사실은 한계가 아니며 가능성이다.

지희재의 시인됨도 자기의 내부를 응시하면서 감수성을 확대하는 과정에서 나타난다. 예를 들면 「살구나무에 빚지다」는 마음을 따라가는 시적 경로를 잘 보여준다.

마을 어귀 돌담이 살구나무를 모셨다
월담하는 달도 침을 삼켰다

배고픈 하굣길에 수천 개의 몸을 던져
여린 이들에게 보시하던 살구나무
나와 행방불명된 계집애와
까치 참새 직박구리 까마귀가 빚지고 살았다
돌담이 허물어지자
나무둥치만 남겨놓고 집주인과 함께 사라졌다
살구를 쪼아 먹던 까마귀가 염을 해주었을 것이다
어느 절 어느 스님의 목탁이 되었다는 풍문을 들었다
시퍼렇게 피멍 들며 득음에 오른 소리꾼의 울음
절 입구에서 들려오는 낯익은 청공 소리 내려놓았다
살구나무를 생각하는 날 살구비누로 볼을 비비자
내 머리 위로 살구꽃이 피어났다

—「살구나무에 빚지다」 전문

"살구나무를 생각하는 날 살구비누로 볼을 비비자/ 내 머리 위로 살구꽃이 피어난다"라는 마지막 구절이 빛난다. 결구를 통해 시적 발상을 집약하고 있다. 유년의 고향 마을과 그 어귀 돌담 곁에 서 있던 살구나무를 생각하는 일에서 시작한 회상은 살구나무가 베어져 사라진 이후의 내력으로

까지 이어진다. 꽃을 피우고 열매를 맺다 잘려 버려지거나 목탁으로 남겨지기도 한 살구나무에 대한 시적 화자의 곡진한 마음이 나무의 생애에 배어든다. 목탁, 득음에 오른 소리꾼의 울음, 청공 소리에 이르도록 살구나무의 후일담은 숭고하다. 그만큼 살구나무에 얽힌 유년의 기억이 존재의 내면을 여전히 밝히고 있기 때문이다. 시적 화자와 살구나무가 지닌 불가분의 관계는 유년의 경험에 놓여있다. 꽃그늘에 친구와 어울리다 살구나무가 주는 살구를 먹으면서 어린 시절을 보낸 사람에게 살구나무는 이미 그의 몸속에 온통 들어와 있다. 그것은 공감각의 기억이다. 시 속에서 "살구나무를 생각하는 날"이라고 명시하고 있으나 생각이 먼저이고 "살구비누"로 볼을 비비는 행위가 이어졌다는 서술의 순서는 그리 중요하지 않다. 시적 화자가 처한 일상이 후자라는 사실에 비출 때 이는 거의 동시에 유발되었으리라고 여겨진다. 살구비누가 시적 계기가 되어 유년의 추억을 지피면서 일상 속에서 행복한 몽상을 불러온다. 미각, 후각, 시각, 청각, 촉각 등 모든 감각에 스며있던 살구와 살구꽃, 살구나무의 기억은 화자가 살구의 향이 나는 비누를 사용하면서 현재의 시간 속으로 되살아나 살구꽃으로 피어난다. 이제 시적 화자는 스스로 한 그루 살구나무가 되었다. 이처럼 아름다운 시적 몽상을 가능하게 한 동력은 무엇일까? 바로 유년에 대한 순수한 지각이다. 유년의 기억은 단순한 향수nostalgia로 그치지 않는다. 그에 내재한 순수함이 현재의 자아를 각성하게 한다. 서정적 회상은 과거를 향하는 퇴행이 아니라 곧 일상을 충격함으로써 존재를 새롭게 일으킨다.

2. 생성의 나비

지희재의 시에서 상승하는 긍정의 이미지는 빈번하다. 순수하고 행복한 장소의 기억이 뒷배가 되어 추동한 표현이 아닌가 한다. 시인의 낙관과 유쾌함은 기화하는 나르시시즘과 무연하다. 이와 달리 사물과 타자에 대한 깊은 공감에 바탕을 두고 있다.

끝물 지나간 물가
잎새바람 꽁지깃을 세우며
잰 걸음질로 새털구름을 몰고 왔다

곤드레밥 한 공기에
질퍽거리는 기억들이 둘러 오는 동안
우기에 묶인 발을 풀면
해묵은 가두리양식어장 기둥이 기울기 시작했다

서둘러 바닥을 보이는 물살은
묵상 중인 싯다르타
비단고둥의 껍질에 남은 시린 삶
둥지라며 몸을 낮추었다

허기를 채우는 백발의 틀니가
그리움을 쏟아내는 동안
소금 꽃은 하얗게 향기를 피워올렸다

물줄기를 따라
낡은 뼛조각이 바래져 구름이 되었다
아스라이 사라지는 온기
나는 푸른 별에 한 채의 집을 지었다
—「미조항」 전문

얼핏 퇴락한 어항의 "질퍽거리는 기억들"에 달라붙은 소멸의 이미지들이 포착될 수 있다. 하지만 자세히 읽어보면 이미지에서 이미지로 전환하는 과정에 생성의 의미가 내재해 있음을 알게 된다. 상상력의 동력이 작동하고 있는 셈이다. 시의 첫머리에서 물가 어귀의 바람이 새털구름으로 상승한다. 우기에 묶여있던 발을 풀어 내리면 양식장의 기둥이 기운 모습이 보인다. 그만큼 어촌의 곤경을 암시한다. "바닥을 보이는 물살"을 "묵상 중인 싯다르타"에 견준 비유가 돌연하다. 앙상하게 여위어 갈비뼈가 도드라진 싯다르타를 연상하게 하면서 바닷가의 "시린 삶"을 증폭한다. 겸손하게 바다와 함께 "둥지"를 마련한 사람들의 삶과 죽음을 생각하게 하는 대목이다. "허기를 채우는 백발의 틀니"로 표상되는 인고의 삶은 하얀 "소금 꽃"의 향기로 피워 오른다. 바다와 더불어 순환하는 생명의 과정이 연상된다. 바다는 모든 생명과 죽음을 품는다. "뼛조각"조차 "바래져 구름"이 되고 비로 내린다. 이래서 "나는 푸른 별에 한 채의 집을 지었다"라는 결구가 아름답다. 가장 낮은 바다는 가장 높은 하늘과 연결된다. 바다의 "둥지"가 하늘의 "푸른 별"이 될 수 있다.

「미조항」의 이미지 조합은「죽방멸치」의 이미지들과 겹친다. “푸르고 깊은 눈”을 버린 마른 멸치는 “뜨거운 태양”을 만나면서 “비린 생으로 다시 태어나/ 허기진 흰 뼈들 부풀린다.” 생의 상처와 고통이 “파란 소금기”를 재생하는 양상이다. 이는 해양시maritime poem를 의도한 「동성호」의 시법에도 잘 반영되어 있다. 해양시는 배를 타고 바다에서 일하는 사람들의 삶을 노래한다.

섬을 키우는 파도가
자진모리장단으로 허공을 두들길 때
흰수염고래가 돌아왔다
바다제비 고래등을 타고 에돌며
그리움을 키워
하얀 가시로 꽃잎 피웠다

푸른 아가미를 일으켜 세우는
아버지 당신 바다의 노역이
태평양을 향해
물분수를 뿜어 올렸다

바다에 갇혀 붉게 녹슬어가는 수부
파랑주의보 해제에 묶인 닻줄을 풀자
지느러미 돋는 동성호가 헤엄을 쳤다

뜨겁게 돌아가는 스크루
바다의 지문 팽팽하게 잡아당겼다
달빛 그물에 걸려 허우적거리는 조타실

삼등항해사의 아킬레스건이 심해로 빠져들었다

불타는 부챗살 힘줄 높이 올려
포유류의 꿈을 노래했다
물 밖으로 나온 고래 발자국을
물이끼가 삼켰다
—「동성호」 전문

이 시에서 아버지의 배인 "동성호"는 "흰수염고래"와 병치된다. 물론 시 속의 아버지가 시인의 아버지라고 추정할 필요는 없다. 시가 말하고자 하는 요체는 선상의 "아버지의 노역"이 "흰수염고래"의 행위와 병치되는 데 있다. 둘 다 "포유류의 꿈"으로 연상되면서 미묘한 시적 치환이 일어난다. 전반의 시적 긴장은 "흰수염고래"의 귀환에서 비롯한다. "태평양을 향해/ 물분수를 뿜어" 내며 고래처럼 항해한 아버지의 배는 돌아왔는가? 3연과 4연의 진술은 여러 가지 비유를 통해 난파와 침몰을 암시한다. "바다에 갇혀 붉게 녹슬어가는 수부", "달빛 그물에 걸려 허우적거리는 조타실", "삼등항해사의 아킬레스건" 등의 이미지들은 동성호의 항해가 심해로 향했음을 의미하고 있다. 돌아오지 못한 아버지의 꿈이 깨어지면서 "물 밖으로 나온 고래 발자국"의 흔적으로 남다 물이끼에 덮인다. 표제를 "동성호"라고 하였으니 수장된 배가 고래로 환생하는 꿈을 말하고 있음에 틀림이 없다. 나아가서 죽음과 삶을 포용하고 속됨을 성스럽게 만드는 바다의 생성력을 표출하려 한다. 이처럼 생성하는 이미지들은 지희재의 시적 지향을 심화한다. 잘려 버려진 살구나무, 풍화되는 뼛조각들, 침몰하는 배 등 낮고 슬픈 존재들의 재생과 부활을 염원하는 관심과 염려, 배려와 사랑이 있다. 이러한 시적 지향은 「나비와 회화나무」를 통하여 차원 높은 관계성의 미학으로 나타난다.

나비는 회화나무에게
'굿모닝' 아침 인사를 했다

나비는 빙글빙글 회전축을 돌며
누군가를 기다리고 있었다

그 사이

회화나무 여린 가지가 조금씩 자랐다
나이테는 알 수 없는 노래를 흥얼거렸다

노래는 통역되지 않았다
낡은 집이 흔들렸다

새 둥지엔 푸른 피가 흘러내리고
가난한 밥상에는 목마른 혀가 드러누웠다

회화나무 굽은 등에 마른버짐이 피었다
나비가 마른버짐에 앉았다 갔다
—「나비와 회화나무」 전문

어떤 의미로 통역하기보다 관계가 만드는 움직임에 주목하게 하는 시이다. 이를 생명의 유기적 연관성이라고 할 수 있겠고 서로 마주 보는 대대待對의 양상이라 해도 되겠다. 물론 이 시의 주역은 "나비"이다. "나비"가 "회화나무"에게 말을 건네면서 변화가 일어난다. 마치 "나이테"가 흥얼거리는 "알 수 없는 노래"와 같은 기운이 주위의 사물들에 영향을 미친다. "낡은 집", "새 둥지", "가난한 밥상"에 이른다. "목마른 혀"의 심상이 뜻하는 고갈은 회화나무의 "마른버짐"과 연동된다. 나이 듦과 늙음을 의미하면서 그 위를 거쳐 날아가는 "나비"의 비상이 아름답다. 어떤 생명의 활기인가 아니면 영혼의 표정인가? 지희재의 시에서 "나비"는 빈번하게 등장하면서 상징의 의미를 드러낸다. 가령 「나마스테」에서 "나비"는 요가의 율동을 말하는 과정에서 등장한다. "고요를 깨워 나비 한 마리 풀어놓자/ 안과 밖이 허물어지네"와 같은 구절인데, "나비"가 생기生氣의 소통을 지시한다. 「연예인」에서 "무당거미처럼 허공에 집을" 짓는 연예인들의 가면의 생을 "나비가 찾아오지 않는/ 그의 집은 한 계절만 존재한다"는 말로 표현한다. 사계의 순환하는 생명의 변화가 없이 그의 현실은 가공되었다는 의미이다. "나른한 양지를 향해/ 날아가는 수풀꼬마팔랑나비/ 순례자의 귀를 간지럼 태운다/ 다시 만날 날 위해/ 긴 여운을 뿌리며 떠난다"라는 「벌노랑이」의 한 구절에 등장하는 "나비"도 순례에 동참하는 생명의 메신저에 가깝다. 이를 시인은 다시 「수풀꼬마팔랑나비」로 부각함으로써 그 의미에 방점을 찍는다. "나비가 날개를 접었다 펴는 동안/ 허공이 흔들렸다"는 구절로 시작하는 이 시에서도 "나비"는 계절의 순환과 생의 율동을 전하는 생명의 전령사와 같다. 은유로 퇴각한「은행잎」의 "나비"를 제하더라도 나비 이미지에 대한 시인의 시적 관심이 종요롭다. "꽃에 날아든 나비/ 내게 다가온 인연으로/ 한순간 짧은 생을 녹이는 풍경이 된다"(「수풀꼬마팔랑나비」)라는 구절이 집약하듯이 "나비"는 "생을 녹이는 풍경"을 매개한다.

3. 꽃피는 감수성

지희재의 시에서 실제 나비보다 더 많이 등장하는 이미지가 있다면 꽃이다. 시인은 사물을 넘나들며 비상하는 나비만큼 꽃이 피는 생명현상에 주목한다.

반여시장 입구 버려진 스티로폼 상자에
페루 감자를 심었다
차가운 냉장고에서도 싹을 틔운 감자는
안데스산맥을 옮겨왔다

다섯 갈래의 꽃술이 드디어 입을 열었다
감자 꽃은 자기 속내를 버리지 않았다
감자 꽃은 눈에 보이지 않는 땅속에 보물
씨알 굵은 세상 화두를 꾹 숨겨놓았다

한때 푸른 독기를 품은 실눈
얼기설기 얽힌 뿌리마다 꽃등을 달았다

흙밥을 먹고 자란 감자가
그늘을 딛고 일어서는 지하방
눈이 큰 남자를 닮았다

깔깔 화분 농사 하얀 웃음 캔다
—「화분 농사」 전문

페루에서 냉장 상태로 실려 온 감자가 싹이 트고 잎이 열리며 꽃이 피는 과정을 노래한다. 냉장을 견뎌낸 대견함도 찬양받아야겠지만 땅속의 뿌리마다 감자를 달았으니 이를 시적 화자는 "꽃등"이라 칭송한다. 꽃 피는 과정을 여러 생명현상을 아우르는 의미로 자리매김하고 있다. 이는 "흙밥을 먹고 자란 감자가/ 그늘을 딛고 일어서는 지하방/ 눈이 큰 남자를 닮았다"라고 진술하는 데 이르러 의미는 더 확장된다. 추위와 그늘을 딛고서 꽃을 피우고 열매를 맺는 생명의 양식에서 긍정과 희망을 찾고 있다. 이는 유기체가 지닌 낙관적 서사에 상응한다. 고난과 고통이 있더라도 궁극에서 꽃이 핀다는 생각이다. 이러한 낙관주의의 시선은 아래로 향하되 정신은 위로 상승하는 태도를 견지한다. "깔깔 화분 농사 하얀 웃음 캔다"는 마지막 구절이 보여주는 웃음의 미학은 생명에 대한 신뢰를 던지는 시인의 낙관적 세계관에서 비롯한다. 지희재의 시에서 꽃이 피는 현상은 꽃을 피우는 타동사로 번지기도 한다. 예를 들어 "주걱은 살아있는 한/ 꽃 피워야 할 일 많다며/ 뜨거운 입김을 내 뿜었다"(「숟가락」)라는 구절에 상응한다. "사막에선 어둠이 빨리 찾아왔고/ 수많은 잎을 가지고 있어도/ 목이 말라가는 바이러스에 꽃을 피우지 못해/ 그녀는 슬펐다"라는 「선인장」의 한 구절도 "꽃을 피우는" 행위가 지닌 행복을 강조한다. 물론 시인이 꽃의 의미를 모두 생명현상으로 귀결하지 않는다. 시집의 표제가 된 「배롱나무 정류장」은 시인이 지닌 예의 유쾌함을 매우 단순하게 포착한다.

> 남해 설천면 감암마을에/ 시골버스를 기다리는 배롱나무/ 그림자 길게 늘어뜨리며/ 조난신호를 보내고 있었다// 조난신호를 외면한 막차/ 정류장 간이의자에 주저앉아버린 길/ 입을 꾹 다문 붉은 꽃이 더 붉어졌다// 제 발등 제가 찧는 붉은 꽃/ 백일 동안 노을이 지고 어둠이 찾아와도/ 버스는 오지 않았다// 수박이 해를 품는 팔월이었다
>
> —「배롱나무 정류장」 전문

이 시를 두고 심각한 의미를 찾으려 한다면 오독에 이를 공산이 크다. 시인은 백일 동안 꽃을 피우는 "배롱나무"를 막차를 기다리는 조난자에 비유한다. 배롱나무꽃의 황홀하고 붉은 지속을 속절없는 기다림으로 변주한다. "수박이 해를 품는 팔월"의 풍경을 단순성의 미학으로 포획한다. 이처럼 시인의 생명의식이 유쾌하고 경쾌한 감각으로 표출되는 경우가 많다. 가령 「윙윙윙」과 같이 의성어를 활용한 언어유희pun가 좋은 예가 된다. 선풍기의 날개를 청소한 뒤에 선풍기가 "달려도 달려도 제자리인 내 생과 닮았다"라고 하면서 "지치지 않는 바람이 내 겨드랑이를 들춘다/가렵다"라고 끝맺음한다. 일상의 반복에 그치지 않고 겨드랑이에 날개가 돋을 수 있다는, 비상의 가능성을 예감한다. 의

성어를 활용한 쾌활한 감수성은 「구구 만물상」에서 더욱 두드러진다.

> 갈 데까지 가 봤다는 만물상 주인 박씨// 막다른 골목에서 먹은 마음 다 토했다// 다 필요 없다 다 소용없다 혀를 깨문 독백// 늦은 저녁밥을 구하는 비둘기 한 마리 구구// 절절한 우울을 물어갔다// 교실 밖은 살벌한 경제학 개론 수업이 뜨겁다// 그의 눈에는 무엇이든 다 돈// 삐걱거리는 의자가 자세를 고쳐 앉는다// 만취 상태가 그를 다 쏟아내는 밤이다// 구구구 아직도 떠도는 배고픈 밤 비둘기// 만물상 주위를 맴돌고 있다
>
> —「구구 만물상」 전문

시 속의 주인공인 "만물상 주인 박씨"는 가난과 고통에 처해 있다. 울분을 술로 달래지만 "삐걱거리는 의자가 자세를 고쳐 앉는" 세상의 타자가 되었다. "만취 상태가 그를 다 쏟아내는 밤"에 배고픈 비둘기 한 마리가 그의 토사물을 먹는다. "구구구 아직도 떠도는 배고픈 밤 비둘기"라는 진술에 이르러 슬픈 풍경에 더 큰 공감을 얻는다. "그의 눈에는 무엇이든 다 돈"이듯이 "비둘기"에게도 그가 토한 음식조차 다 저녁밥이다. "박씨"나 "비둘기"나 현실은 충족되지 않는다. 비둘기의 울음소리인 "구구"를 공유하는 유사 종족에 가깝다. 이처럼 의성어를 동원한 경쾌한 감각은 냉소나 풍자와 거리를 지닌다. 차가운 시선이 아니라 따스한 응시를 통하여 이와 같은 표현을 얻는다. 이처럼 시인은 현실의 절망조차 선연한 감수성으로 드러낸다.

「오후 세 시의 성지곡」에는 "꽃은 피어서 악기가 되고 내 모든 기억들은 눈을 떠 무언의 축가를 부른다"라는 구절이 있다. 시인이 지향하는 시법과 무관하지 않은 진술이 아닌가 한다. 노래하는 꽃과 축가가 되는 기억은 서로 상응한다. 시인은 유년의 빛을 지각함으로써 자아의 감옥을 벗어나 사물과 교응하고 타자와 교감한다. 「연화리 등대」와 같이 "방파제를 일으켜 세우는 하얀 포말 말떼를 몰았다"라는 경쾌한 느낌과 더불어 "난파한 꿈의 조각을 들고 퍼즐을 맞추고 있었다"라는 현실 인식을 병행한다. 사물과 풍경에 대한 꿈과 타자의 삶에 대한 경애의 마음은 서로 별개가 아니다.

4. 풍경과 사람들

「개인전」 연작과 같이 아포리즘을 추구하거나 「타로점」처럼 실험적일 수 있다. 하지만 이는 지희재의 시적 본령이 아니다. 이 글의 첫머리에서 언급한 「살구나무에 빚지다」가 말하고 있듯이 시인은 유년과 고향의 추억에서 나아가 사물과 사람, 일상과 풍경을 사유하면서 시적 관심의 지평을 확장하고 있다. 「금음리 우물」은 "우물"의 의미를 "달"과 조응하면서 공동체의 중심이자 여성적 혹은 모성적 근원으로 격상한다. 이는 「때」와 「합장묘」 그리고 「도마」와 같이 가족사의 내력을 새기는 일과도 연관된다. 우리는 이미 앞에서 사물에 대한 시인의 의식현상을 나비와 꽃 이미지를 들어 이해하였다. 이와 더불어 「구구 만물상」과 같이 소외된 사람들에 대한 시인의 지향이 유난함을 덧붙일 수 있다. "식후 30분 알약을 한입에 털어 넣는 이씨”(「육쪽마늘」)는 남해 해풍을 맞으며 마늘 농사를 하는 사람이다. 「눌러 쓴 모자 아래」는 “H 자동차 공장에서” 실직한 “H”의 신산한 삶을 전한다. “숙자씨”의 춤 이야기를 통해 「댄스댄스」는 일상을 소격하는 한 여성의 일탈과 유희를 말한다. 「구구 만물상」에 등장하는 “박씨”는 보통명사처럼 「만복국수」와 「로터리 실비식당」에도 등장한다. 전자의 “박씨”는 국숫집을 차렸고 후자의 “박씨”는 미장이로 실비식당에 들러 소주를 마신다. 그는 “목수 손씨”와 “택시 운전사 이씨”와 더불어 실비식당의 단골들이다. 실비식당은 “몸 한쪽 모서리가 아파올 때/ 모가 난 것들이 다 모여들어/ 저마다 모서리를 깎고 가는 곳”이다. 낮고 가난하고 쓸쓸한 사람들이 여기서 위안을 구한다. 이처럼 시인은 사람들의 구체적인 삶에 깊은 관심과 공감을 품는다. 타자를 향한 사랑의 표현이자 아래로 초월하려는 의지의 확인이다.

사물과 풍경은 많은 경우 생명의식을 표출하는 대상이 되었다. 그럼에도 때론 「아, 우산」과 같은 연상의 이미지를 갖기도 한다. 잃어버린 우산을 한 그루 “푸른 나무”로 이끌어 놓는다.

> 비가 리듬을 밟았다/ 비가 쇼팽의 빗방울 전주곡에 맞춰 춤을 추었다// 푸른 나무 한 그루 숲 밖으로 걸어 나갔다/ 내게 다가와 말을 건넸다// 너의 우산이 되고 싶다고 했다/ 그의 우산 속엔 빗소리가 녹아있었다// 젖은 등을 활짝 펴며/ 녹슨 나뭇잎으로 손짓했다// 비를 핑계로 슬픔을 녹여냈다/ 상처받은 마음 다 젖었다// 버스정류장 잿빛 유리창

이 그린 우울/ 어젯밤 창문 밖에서 흘러들어온 이야기를 풀어냈다// 그의 우산이 환각처럼 나타났다 사라지기를 반복했다/ 꿈결에 푸른 나무 한 그루 놓고 버스에서 내렸다

— 「아, 우산」 전문

마치 형이상학파의 시처럼 지적 계산에 의해 이미지들이 대응한다. 이 시는 만남과 헤어짐, 상실과 부재에 대한 시적 진술로 일정한 의미의 층위를 형성한다. 이와 같은 지적인 시법의 계보에 「숟가락」, 「구피」, 「신발」, 「물푸레 나무의 자」 등이 있다. 느낌보다 사유를 앞세운 시편들이다. 다른 한편 풍경의 시는 교감을 앞세운다. 대상과의 정서적 관계가 우선이기 때문이다. 「보경사 탱자나무」, 「보리암」, 「동백섬」 등은 시적 자아의 마음의 움직임이 뚜렷하다. 상처에 대한 위로와 생에 대한 염원, 당신에 대한 갈망이 선연한 이미지로 펼쳐진다.

자기만의 감성에서 놓여나고 감정으로부터 벗어나 지적 거리를 만들고 있는 지희재의 시쓰기가 지닌 가능성은 크다. 그럼에도 성급하게 나로부터 도피하진 않아야 한다. 유년의 빛나는 추억들을 더 깊이 파고들면서 사물을 통한 행복한 몽상을 지속해야 한다. 다양한 실험이 의미 없다는 말이 아니라 보다 철저하게 자기를 표현하는 모험을 견지할 필요가 있다. 생명의 불꽃을 더 눈부시게 피우고 비상하는 나비의 꿈을 확산하는 길이 어디에 있을까? 바다와 마을, 살구나무와 우물이 있는 시적 장소를 시인이 이미 품었으므로 마음의 심층과 풍경의 바탕을 조화시키는 언어를 얻을 수 있으리라 기대한다.

지희재

지희재 시인은 경남 남해에서 출생하였다. 시집으로는『도시의 낙타』,『승천하는 나무』,『배롱나무 정류장』이 있고, 부산문인협회 사무차장을 역임하였다. 2014년, 2018년 문화예술발전기금을 받았으며,『문학도시』작가상과 부산문학상을 수상했다. "수박이 해를 품는 팔월"의 기적—, 지희재 시인의 세 번째 시집인『배롱나무 정류장』은 아름답고 행복한 삶에 대한 찬양이자 구원의 노래라고 할 수가 있다.

이메일 :hope1071@hanmail.net

지희재 시집

배롱나무 정류장

발　　행 2018년 12월 30일
지 은 이 지희재
펴 낸 이 반송림
편집디자인 김지호
펴 낸 곳 도서출판 지혜
　　　　　계간시전문지 애지
기획위원 반경환 이형권 황정산
주　　소 34624 대전광역시 동구 선화로 203-1, 2층 도서출판 지혜 (삼성동)
전　　화 042-625-1140
팩　　스 042-627-1140
전자우편 ejisarang@hanmail.net
애지카페 cafe.daum.net/ejiliterature

ISBN : 979-11-5728-314-9 03810
값 9,000원

이 책의 판권은 지은이와 도서출판 지혜에 있습니다.
양측의 서면 동의 없는 무단 전제 및 복제를 금합니다.

* 본 도서는 2018년 부산광역시, 부산문화재단 지역문화예술특성화지원사업으로 지원을 받았습니다.